권력 냠냠

들어가기 전에

당신은 제22대 국회의원에 당선됐습니다. 그러나 모종의 사건에 의해 정치자금법 위반 혐의로 구속된 상태입니다. 그렇다면 당신은 기존에 수령하던 국회의원 월급 중 얼마까지 받을 수 있을까요?

① 의정 활동을 할 수 없으므로 0원

② 기존에 수령하던 월급의 절반

③ 활동비 일부만 공제된 기본급

④ 공제 없이 전액

다음 페이지에서 정답 확인 ▶▶

펼치자마자 문제부터 내는 책이라니. 불쾌하셨다면 미리 사과의 말씀을 전합니다. 하지만 지금부터 더 불쾌한 사실들이 이 책에서 펼쳐집니다. 우선 앞선 문제의 정답은 4번입니다. 국회의원은 구속 상태에서도 기존에 수령하던 월급 전액을 받을 수 있습니다.

　　일부 정치인은 그 정도까지는 아니라며 활동비가 공제된다고 주장합니다. 비겁한 거짓말입니다. 구속 상태에서 휴가를 신청해 특별활동비까지 싹싹 긁어 받아 간 국회의원이 존재합니다. 어떻게 그게 가능할까 싶지만, 국회 운영 규정을 법으로 만든 「국회법」 덕분에 가능합니다(37쪽에 상세 내용을 실었습니다).

　　국회는 법을 제정하는 곳입니다. 이에 국회법 역시 국회가 직접 만들거나 수정할 수 있습니다. 여기서 모순이 발생합니다. 자기 규제를 느슨하게 해놓거나 국회법 위반 시 처벌받는 조항을 만들지 않는 것입니다. 새롭게 구성된 제22대 국회도 벌써 국회법 제41조를 위반하며 시작했으나 어떠한 법적 제재도 없습니다.

이 책은 그런 국회법에 대해 말합니다. 제1조부터 제169조의 국회법 중, 가장 의아한 것들만 골라 설명했습니다. 이미 알고 계신 조항도 있을 것이고 황당할 정도의 특혜라 생각하시는 조항도 있을 것입니다.

포털사이트 네이버의 지식iN 서비스에는 '내공냠냠'이라는 은어가 유행한 적 있습니다. 지식iN 서비스는 질문에 답변을 쓰면 '내공'이라는 포인트를 지급합니다. 내공냠냠은 질문자가 질문을 올렸을 때, 질문과 상관없는 답변을 작성해 내공만 가로채는 사람들을 희화화하는 은어입니다. 책임 없이 보상만 가지고 가는 부정행위지요.

국회도 마찬가지 아닐까요. 권력에 따른 책임은 제대로 지지 않고, 권력에 따른 보상만 열심히 챙겨갑니다. '권력냠냠'이 아닐 수가 없습니다. '무슨 소리냐! 내가 아는 모 국회의원은 훌륭한 사람이다!'라는 말씀은 죄송하지만 큰 의미가 없습니다. 그 한 분은 당신께 훌륭할지 몰라도 국회라는 전체 집단을 생각해 본다면 권력냠냠이 맞습니다.

한국 사회의 권력 문제는 모두 국회에서 출발합니다. 역대 최악의 대통령도 국회에서 몸집을 키워 정치권에 등장하지 않았나요?

아, 그렇다고 해서 대통령보다 국회가 더 문제라는 건 아닙니다. 혹시나 제가 국회를 비판한다고 해서 대통령은 괜찮다고 생각하는 사람으로 비치지 않길 간절히 희망합니다. 누가 뭐래도 윤석열 대통령이 지금의 한국에 있어 가장 큰 문제입니다. 그를 대통령 후보급으로 키워준 국회 구성원도 반성이 필요하기에 이 책을 완성했습니다.

여러분에게 있어 국회는 어떤 곳인지 궁금합니다. 그리고 이 작은 책을 읽고 난 후에 어떻게 생각이 달라질지도 궁금하고요.

들어가는 말이 길면 시작부터 지루할 것입니다. 얼른 닫겠습니다. 이 책을 선택해 주셔서 마음 깊이 감사드립니다.

희석 드림

책은 이렇게 구성돼 있습니다

이 부분에는 국회법 원문이 수록됩니다. 출판사 편집 기준에 맞춰 문장을 다듬지 않고, 그대로 실었습니다. 다만, 조문 내용이 너무 길 때는 '이하 생략' 혹은 '중략' 등으로 줄였습니다.

▼

작은 역삼각형 아래에는 위 조항에 대한 설명 및 해설이 펼쳐집니다. 필요할 경우 추가 자료를 첨부하기도 하고, 어떤 지점에 주목해야 할지 간단히 짚기도 합니다.

목차

의원님만을 위하는

국회법(2024년 3월 12일 개정)

제1조(목적)

이 법은 국회의 조직·의사(議事), 그 밖에 필요한 사항을 규정함으로써 국민의 대의기관인 국회의 민주적이고 효율적인 운영에 기여함을 목적으로 한다.

▼

「국회법」은 1948년에 제정됐다. 이후 70차례에 가까운 개정을 거치면서 몇몇 조항이 새롭게 만들어지거나 삭제되기도 했다. 국회 운영에 관한 사항은 헌법에도 명시돼 있으나, 상임위원회 운영 및 국회의원 수당 등 세세한 요소는 모두 국회법으로 따로 만들었다.

국회법은 '법 만드는 기관을 통제하는 법'이라는 점에 있어 중요하기도 하지만, 국회법이 곧 지방의회의 「지방자치법」에도 영향을 끼치기에 매우 큰 책임을 맡고 있다.

이에 국회법이 편법을 자행하면 지방정부의 가장 끄트머리 부서까지 잘못된 길로 빠지게 된다.

그런 의미를 생각하며 국회법 제1조부터 살펴본다면, 제1조는 국회가 어떤 기관인지, 그리고 국회법으로 무엇을 이룰 것인지 명확하게 말하고 있다. 국회는 국민의 대의기관이며, 대의기관인 국회는 반드시 민주적으로 운영돼야 한다. 특정 권력이 독식하지 않도록 해야 진정한 대의 민주주의가 실천될 것이다.

하지만 지금부터 펼쳐질 국회법의 전반적인 내용을 뜯어보면 '과연 그런가' 싶은 지점이 많다. 실제 국회가 국회법 제1조 중 가장 잘 실천하고 있는 요소는 '효율적인 운영' 뿐이다. 자신들의 효율만 중시한 탓에 여러 민주적 가치를 등한시하고 있다. 곧바로 이어지는 제3조로 가보자.

제3조(의석 배정)

국회의원의 의석은 국회의장이 각 교섭단체 대표의
원과 협의하여 정한다. 다만, 협의가 이루어지지 아니
할 때에는 의장이 잠정적으로 이를 정한다.

▼

국회 본회의장 자리 배치는 국회의장과
'교섭단체' 대표의원이 결정한다. 제3조부터
등장한 이 교섭단체는 '20명 이상의 소속 의원을
가진 정당'을 뜻한다. 쉽게 말해, 국회 내에
20명 이상의 국회의원을 배출한 정당이어야만
교섭단체가 될 수 있다. 우리가 익히 알고 있는
거대 양당은 항상 교섭단체에 속하는 것이다.
　　　국회법에는 자리 배치 뿐만 아니라, 모든
결정 권한을 교섭단체들이 독식하고 있다.
20명의 국회의원을 갖춘 정당이 아니면 아무런
협상권도, 결정권도 없다.
　　　종종 언론 보도 등에서 '비교섭단체'라는

용어를 접한 적 있을 것이다. 국회법에는 이 비교섭단체라는 용어가 없다. 편의상 새롭게 부여한 이름이다. 그만큼 국회에서 교섭단체가 아닌 정당은 의미 없는 존재로 취급된다.

이것은 곧 제1조의 '민주적이고 효율적인 운영에 기여함을 목적으로 한다'에서 '효율'만 찾고 '민주'는 버리는 결과다. 국회를 채운 국회의원 모두가 동등한 것이 아니라 교섭단체 소속 의원에게 더 큰 권력을 쥐여주는 것이 과연 '민주적'인 국회 운영이라 할 수 있을까.

교섭단체가 될 수 있는 기준 '20명'은 1972년 박정희의 유신헌법 선포 때 최종 결정됐다. 새로운 정치세력을 막고자 했던 독재정권의 더러운 열망이 50년 넘게 지속된 결과다. 거대 양당 중 어느 곳도 이것을 바꾸려 적극적으로 노력하지 않았다. 이럴 땐 참 죽이 잘 맞는다.

제4조(정기회)

정기회는 매년 9월 1일에 집회한다. 다만, 그 날이 공휴일인 때에는 그 다음 날에 집회한다.

▼

정기회는 9월 1일에 시작해 100일 이내로 끝난다. 제21대 국회 마지막 정기회의 경우 9월 1일부터 12월 8일까지 열네 차례의 본회의가 열렸다.

임시회도 중요하지만, 정기회는 더욱 중요하다. 정부의 예산안을 심의하고 확정하거나, 대정부질문이 이어진다. 그럼에도 불구하고 정기회에 무단결석하는 국회의원이 많다.

부득이한 일정, 선거 대비를 위한 활동 등이 있을 경우 '청가'를 통해 미리 불참 의사를 서면으로 알리면 되지만, 그마저도 하지 않고 무단결석하는 국회의원들이 흔하디흔하다.

참고로 국회법에는 국회의원의 출석률과 관련한 규정이 없다. 이에 극단적으로, 단 한 차례의 본회의나 임시회에 출석하지 않아도 국회의원 자격이 상실되지 않는다. 당선을 위해 선거기간에 무릎이 닳도록 꿇는 이유가 다 있는 것이다.

지난 제21대 국회에서 모든 본회의에 개근한 국회의원은 300명 중 10명도 되지 않는다.

제15조(의장·부의장의 선거)

① 의장과 부의장은 국회에서 무기명투표로 선거하고 재적의원 과반수의 득표로 당선된다.

② 제1항에 따른 선거는 국회의원 총선거 후 첫 집회일에 실시하며, 처음 선출된 의장 또는 부의장의 임기가 만료되는 경우에는 그 임기만료일 5일 전에 실시한다. 다만, 그 날이 공휴일인 경우에는 그 다음 날에 실시한다. (이하 생략)

▼

국회의원 선거 때만 되면 '과반'을 항상 강조한다. 과반을 차지하는 정당이 승리 정당으로 인식되는 이유는 국회의 의사결정권 때문이다. 의장과 부의장이 과반의 득표로 당선되는 것처럼, 대부분의 법안도 과반의 가결표가 있어야 본회의에서 통과된다.

국회의원 선거가 끝난 후 과반을 차지한 정당 내에서는 '누가 국회의장을 할 것인가'에

대한 싸움으로 치열하다. 어차피 과반 득표로
선출되는 의장인 만큼, 과반을 차지한 정당에서
배출하는 의장 후보가 곧 차기 국회의장이 되는
건 뻔하기 때문이다.

　　대한민국 국회의장은 국가 의전 서열이
대통령 다음으로 높다. 과거에 비해 국회의장의
권한이 많이 축소됐다고 하지만, 여전히 국회
내외로 막강한 권력을 자랑한다. 헌법과
국회법에 명시된 국회의장 권한은 국회대표권,
의사정리권, 질서유지권, 사무감독권 등으로
크게 나눌 수 있는데, 조항 개수만 따지면 100여
개에 이른다.

　　당연히 의장 마음대로 모든 걸
진행하는 건 불가능하지만, 그럼에도 권한이
막강하다는 사실은 부정할 수 없다. 거대 양당이
국회의장직을 놓고 매번 소란스럽게 다투는
데는 그만한 이유가 있는 셈이다.

제19조(의장·부의장의 사임)

의장과 부의장은 국회의 동의를 받아 그 직을 사임할 수 있다.

▼

권력이 있다면 견제도 있어야 마땅하다. 하지만 국회의장과 부의장은 스스로 사임하지 않는 이상 직을 상실하지 않는다. 제명 요청은 물론 가장 기본적인 불신임 투표제도 국회법에 없다.

여론의 압박이나 정치적 위협이 있다 한들, 당사자의 결단이 없는 이상 권력을 견제할 합법적 수단이 존재하지 않는다. 이에 대한 의견으로는, 의장과 부의장이 국회를 소신껏 운영할 수 있도록 보장하는 취지라고 하지만, 견제 장치마저 없다는 건 이해하기 어렵다.

결국 과반 정당이 되기만 하면 국회 최고책임자 자리를, 누구도 끌어내릴 수 없는 자리를 거머쥘 수 있는 것이다.

제25조(품위유지의 의무)

의원은 의원으로서의 품위를 유지하여야 한다.

▼

아마도 가장 크게 웃는 대목 아닐까
한다. 훌륭한 국회의원도 물론 극소수로
존재하겠지만(과연) 우리가 통상 알고 있는
국회의원들은 제25조를 자주 위반하고 있다.

　　　여기서 말하는 '품위'에는 여러 가지
의미가 내포돼 있다. 국민의 대표로서 청렴해야
하고, 인격과 품성도 갖춰야 하며, 공과 사를
명확히 구분할 줄도 알아야 한다. 그러나 어쩐지
이 모든 걸 지키는 국회의원을 우리는 살면서
마주하기 어렵다.

　　　제25조를 준수하는 국회의원이 가물에 콩
나듯 한두 명만 머릿속에 떠오른다면, 대한민국
국회는 그야말로 위법한 집단이 아닌지
반성해야 한다.

제26조(체포동의 요청의 절차)

① 의원을 체포하거나 구금하기 위하여 국회의 동의를 받으려고 할 때에는 관할법원의 판사는 영장을 발부하기 전에 체포동의 요구서를 정부에 제출하여야 하며, 정부는 이를 수리(受理)한 후 지체 없이 그 사본을 첨부하여 국회에 체포동의를 요청하여야 한다.

② 의장은 제1항에 따른 체포동의를 요청받은 후 처음 개의하는 본회의에 이를 보고하고, 본회의에 보고된 때부터 24시간 이후 72시간 이내에 표결한다. 다만, 체포동의안이 72시간 이내에 표결되지 아니하는 경우에는 그 이후에 최초로 개의하는 본회의에 상정하여 표결한다.

▼

현행범이 아닌 국회의원을 회기 중(정기회 및 임시회가 열린 기간 동안) 체포하려면 국회 동의가 있어야 가능하다. 이는 '불체포특권'이라 불리기도 하는데, 엄밀히 말하자면 일시적으로 체포되지 않는 것뿐이지 형사적 처벌까지 피할 수 있는 것은 아니다. 국가, 혹은 사법 권력이 특정 국회의원을 압박할 때, 해당 의원의 원활한 의정 활동을 보장하고자 만들어진 제도이기도 하다.

불체포특권이 국회의원에게 주어지는 과도한 혜택인지, 국가 권력과 사법 권력으로부터 민주주의를 보호할 최후의 보루인지는 의견이 분분하다.

하지만 국회의원이 아닌 시민들에겐 누군가의 동의를 얻어야만 체포되는 권력이 없다. 이러한 점에서 불체포특권은 문자 그대로 '특권'이라는 점을 부정할 수 없다.

불체포특권과 같이 봐야 할 것은 헌법 제45조다. 이어지는 옆 페이지에 설명했다.

헌법 제45조

국회의원은 국회에서 직무상 행한 발언과 표결에 관하여 국회 외에서 책임을 지지 아니한다.

▼

헌법 제45조는 국회의원이 정부나 기타 권력의 눈치를 보지 않고 소신 있는 정치를 펼칠 수 있도록 보장하는 것이 목적이다. 국회에서 직무상 행한 발언에 책임을 지지 않도록 면책특권을 주는 셈이다. 국회 본회의, 상임위원회나 특별위원회, 기타 의사당 바깥에서 열린 위원회까지 면책특권 범위에 포함된다. 소신 정치를 도모하기 위해서라고 하지만, 이것 역시 특혜다.

심지어 허위 사실을 주장하는 경우까지 면책된다. 실제 대법원 판례도 있다. 한 국회의원이 허위 사실을 공표했는데, 이를 두고 대법원은 헌법 제45조를 근거로 '발언 내용이 허위라는 점을 인식하지 못했다면 근거가 부족하긴 해도 직무 수행의 일환으로 인정된다'고 했다. 팩트 체크를 위한 최소한의 노력을 하지 않고 허위 사실을 말하더라도 면책되는 것이다. 평범한 시민은 꿈도 못 꾸는 특혜다.

정치인들은 말한다. 헌법 제45조와 함께 국회의원의 불체포특권 등은 부당한 권력에 맞서는 최소한의 장치라고 말이다. 그러나 정치는 기본적으로 시민의 공감을 받아야 하는 의무가 있다. 시민 다수가 이것을 '민주주의를 위한 장치'라는 말에 공감하지 못하고, '국회의원만 가질 수 있는 특혜'라고 여긴다면 그것은 국회의원 당사자들이 시민 정서에 맞지 않게 행동한 결과다.

소수의 목소리를 위해, 평범한 시민을 위해 노력하는 국회의원들이 많았다면 특혜니 민주주의 장치니 하는 논란도 나오지 않았다. 자기 정치생명을 위해, 누군가를 지키기 위해, 혹은 누군가를 제거하기 위한 장치로 사용한 당신들이 할 말은 아니라는 뜻이다

제28조(석방 요구의 절차)

의원이 체포 또는 구금된 의원의 석방 요구를 발의할 때에는 재적의원 4분의 1 이상의 연서(連書)로 그 이유를 첨부한 요구서를 의장에게 제출하여야 한다.

▼

제28조 역시 특권의 한 대목이다. 현행범이 아닌 국회의원이 모종의 이유로 회기 중 체포 및 구속되었을 경우, 재적의원 4분의 1 이상의 연서와 과반 표결만 있으면 곧바로 석방 가능하다.

회기가 끝나면 다시 구속되긴 하지만, 회기를 잠시 쉬는 '휴회'가 장기적으로 길어지면 석방 상태도 유지된다. 현재 대한민국 국회 의석수로 계산해 보면 75명 이상의 연서와 150표 이상의 표결로 석방시킬 수 있다.

제29조의2(영리업무 종사 금지)

① 의원은 그 직무 외에 영리를 목적으로 하는 업무에 종사할 수 없다. 다만, 의원 본인 소유의 토지·건물 등의 재산을 활용한 임대업 등 영리업무를 하는 경우로서 의원 직무수행에 지장이 없는 경우에는 그러하지 아니하다.

② 의원이 당선 전부터 제1항 단서의 영리업무 외의 영리업무에 종사하고 있는 경우에는 임기 개시 후 6개월 이내에 그 영리업무를 휴업하거나 폐업하여야 한다. (이하 생략)

▼

국회의원은 엄연히 국가공무원이다. 이에 영리업무가 당연히 금지되는 것이 맞다. 다만, 예외 규정으로 두는 것이 바로 부동산 임대업이다. 실제로 국회의원 외에도 국가공무원 규정에는 임대업을 겸업 금지 항목으로 넣지 않고 있다. 개인 재산을 이용한 수익이기에 영리 목적으로 보지 않는다는 것인데, 국가직을 수행하는 공직자 신분에 과연 걸맞은 제도인지 의아하다.

그중에서도 국회의원은 그냥 공무원이 아니라 법을 만드는 공무원이다. 흔히 알고 있듯이 국회는 국토뿐만 아니라 관련 행정 제도, 사회간접자본, 교통 인프라 등 부동산과 직결된 법안이 수천 건 오가는 현장이다. 이곳에서 직접 법안을 만들고 검토하고 통과시키는 국회의원에게 임대업이 허용된다는 사실은 굳이 설명하지 않아도 어떤 의미일지 다들 짐작할 수 있다.

단순히 국회의원 본인의 실거주 부동산 시세가 올랐을 때를 문제 삼는 것이 아니다. 국회법은 노골적으로 '의원 본인 소유의 토지·건물 등의 재산을 활용한 임대업 등 영리업무'를 허용하고 있다. 적극적인 부동산 투자와 영리활동을 보장하는 것이다.

이에 지난 21대 국회의원들 재산은 임기 동안 평균 7억 원 넘게 증가했다는 '경제정의실천연합'의 보고도 있었다. 또한,

두 채 이상의 주택이나 건물 및 땅을 소유한 국회의원이 재적 의원 과반이라는 점, 그중 임대업을 본격적으로 하겠다고 신고한 의원도 과반이라는 점은 눈여겨 볼 만하다.

　　그럼에도 국회 윤리위원회는 모두 문제없다고 결론지었다. 높으신 의원님들께서 생각하는 '윤리'의 기준은 내 생각보다 한없이 너그러워서 눈물이 날 지경이다.

제30조(수당·여비)

의원은 따로 법률에서 정하는 바에 따라 수당과 여비를 받는다.

▼

국회의원은 크게 수당과 경비를 받는다. 정확히 얼마를 받는지 궁금해 포털사이트 및 구글 등에 '국회의원 수당' 등을 검색하면 생각보다 적은 액수에 놀랄지도 모른다.

국회의원 수당을 검색하면 가장 많이 조회되는 게 「국회의원의 보좌직원과 수당 등에 관한 법률」과 「국회의원수당 등에 관한 규칙」인데, 이 두 법률안만 보면 국회의원은 월 200만 원이 조금 넘는 금액만 받는 것처럼 '보인다.' 이 함정을 조심해야 한다.

함정을 피해 '열린국회정보' 홈페이지에 접속해 '국회의원 수당'을 검색하고 '연도별 국회의원 수당 지급기준표'를 다운받아야 비로소 우리가 원하는 정보를 확인할 수 있다.
우리네 의원님들께서는 시민들이 간편하게
확인하면 허무할 테니, 노력을 가해야 조회할
수 있도록 트릭을 짜놓으셨다. 높으신 은혜에
보답하고자 트릭을 해체하면 실수령액을 확인할
수 있다.

　　월 200만 원 조금 넘는 것처럼 '보이던'
국회의원 수당은 월 평균 1,300만 원 이상이다.
맞다. 130만 원이 아니라 1,300만 원이다. 올해
최저임금 월 2,060,840원 대비 여섯 배 넘는
금액이다.

　　국회의원이 받는 수당과 경비를 표로
정리했다. 두 종류의 수당과 한 종류의 경비가
있다.

(단위: 원)

구분		금액	비고
수당 (월)	일반수당	7,079,900	
	관리업무수당	637,190	
	정액급식비	140,000	
	소계	7,857,090	

상여 수당 (연)	정근수당	7,079,900	1월과 7월 두 번에 걸쳐 일반수당의 50% 지급
	명절휴가비	8,495,880	설과 추석 두 번에 걸쳐 일반수당의 60% 지급
	소계	15,575,780	
경비 (월)	입법활동비	3,136,000	
	특별활동비	784,000	300일 기준 (1일당 31,360원)
	소계	3,920,000	

월 평균액	13,075,070
연봉	156,900,860

　　어처구니없는 금액이지만, 국회의원 수당에 관해서는 여러 방면에서 생각해 봐야 한다. 나 역시 국회의원들이 제대로 일하는 것 같지도 않고, 특혜만 누리고 있고, 마음에 드는 구석을 발견하기 어려워서 마음 같아서는 한 푼도 주고 싶지 않은 심정이다.

　　하지만 국회의원이 수당에 걸맞은 의정 활동을 하고 있는지 감시하고 조사하는 것과, 국회의원의 수당 및 보수를 얼마나 합리적인 수준으로 책정할 것인지에 대한 고민은 따로 동시에 진행돼야 한다. 아무것도 하지 않는 것 같으니 무급으로 일하라고 혼내는 것보다는, 현재 의정 활동에 이만한 수당이 정말로 필요한지, 필요하다고 한다면 그걸 바탕으로 어떤 결과물을 지금 내놓고 있는지 매일 증명하라고 요구하는 편이 공익에 가깝다. '무급 국회의원'은 되레 우리에게 위험할 수도 있다.

간혹 보수정당을 자칭하는 극우정당에서 국회의원을 향한 혐오 감정을 이용해 "국회의원 월급을 우리가 없애겠습니다"라고 외칠 때가 있다. 돈 좋아하는 극우정당이 왜 돈을 마다하겠다고 하는지 의심해 봐야 한다.

'돈 한 푼 받지 않아도 일할 수 있는 사람'만 국회의원이 된다는 것은, 바꿔 말해 '돈 한 푼 받지 않아도 생계가 넉넉한 부자들'만 국회의원이 되는 것과 같다. 그런 부자들이 국회를 독식한다면 안 그래도 부자 중심으로 구성된 한국 사회의 운동장은 더 급격하게 기울어질 것이다. 선거 때만 되면 국회의원 무급 전환을 외치는 정치인을 조심하자.

다만, 그렇다고 해서 국회의원이 월 천만 원 이상 받아 가는 게 합당한지는 제대로 따져 물어야 한다. 국회의원은 국가공무원 중 유일하게 자기 보수를 자기 손으로 책정할 수 있는 사람들이다. 법을 만들거나 개정하는 사람들인 만큼, 보수 규정도 국회 스스로 결정하기 때문이다.

이런 모순을 해결하고자 그동안 국회의원 수당을 외부 심사로 전환하자거나, 여러 가지 맹점을 개선하자고 개혁 법안을 제출한 국회의원도 있다. 그러나 그 법안들은 모조리 '임기만료폐기'로 넘어갔다. 나머지 의원들이 임기 내내 회피하며 폐기시킨 것이다.

어떤 국회의원이 수당 개선을 제안했는지, 제안에 동의하고 함께 발의한 국회의원은 누구인지, 얼마나 계류되다가 폐기됐는지 궁금하다면 '국회 의안정보시스템'에 접속해서 '국회의원 수당'을 검색하면 쉽게 알 수 있다.

자기 집단을 개혁하려 했던 그들은 대부분 지금의 국회에 남아있지 않다.

제32조(청가 및 결석)

① 의원이 사고로 국회에 출석하지 못하게 되거나 출석하지 못한 때에는 청가서(請暇書) 또는 결석신고서를 의장에게 제출하여야 한다.

② 의원이 청가서를 제출하여 의장의 허가를 받거나 정당한 사유로 결석하여 결석신고서를 제출한 경우 외에는 「국회의원의 보좌직원과 수당 등에 관한 법률」에 따른 특별활동비에서 그 결석한 회의 일수에 상당하는 금액을 감액한다.

③ 제1항의 청가 및 결석에 관하여 필요한 사항은 국회규칙으로 정한다.

▼

누구든 부득이한 사정으로 예정된 약속에
불참할 때가 있다. 국회의원도 마찬가지다.
국민을 대표하는 의원이기 전에, 한 명의
시민으로서 각자의 사정에 의해 본회의와
상임위 출석이 불가능할 수도 있다. 이럴 때

국회의원은 청가서나 결석신고서(이하 모두 '신고서'로 통일)를 써서 의장의 허가를 받는다. 여기까지는 상식적인 과정이다. 그러나 신고서의 이유가 비상식적인데도 허용될 때가 있어서 문제다.

　　지난 21대 국회 당시 한 국회의원은 모종의 혐의로 구속된 적 있다. 해당 국회의원은 구속된 때부터 석 달간 '휴가' 명목의 신고서를 신청했고 의장은 이를 승인했다. 휴가로 처리됐기에 매월 지급되는 특별활동비까지 받을 수 있었다. 언론에 이 사안이 보도됐으나 국회는 이 사실을 적극적으로 개선하지 않고 조용히 지나갔다. 감옥으로의 휴가, 그리고 1,300만 원의 월급이라니. 낭만과 의리의 국회가 아닌가.

　　이런 '포용적인' 신고서마저 쓰지 않고 결석하는 국회의원도 있다. 국회의원은 본회의 최소 출석률이 없기 때문이다. 100회의 본회의 중 10회를 결석해도, 20회를 결석해도 의원직이 상실되지 않는다. 국회법에는 무단결석 시 의장의 출석요구서가 발송되고 이에 응답하지 않으면 징계한다고 하지만, 헌정사

출석 관련해서 제명된 의원은 없다. 참고로
앞선 국회에서 무단결석률이 가장 높은 한
국회의원은 20%를 넘기기도 했다.

본회의 출석은 국회의원의 주요 직무
중 하나다. 신고서도 쓰지 않고, 직무를
유기하면서까지 해야 할 정도의 중한 일이 당최
무엇일까. 높으신 의원님이니 당연히 그럴만한
일이 있었다고 생각해드려야 하는 걸까.

무단결석률이 20%나 30%에 달하면
의원직 박탈까지 해보자는 법안이 제출되어도,
결과는 역시나 임기만료폐기다. 4년 임기
안에 반드시 통과시키자고 적극 밀어붙이는
국회의원은 없다. 서로를 향해 늘 으르렁거리는
여당과 야당이 출석률 앞에선 언제 싸웠냐는듯
손을 맞잡는다.

제4장의2 의원의 이해충돌 방지

제32조의2(사적 이해관계의 등록)

① 의원 당선인은 당선인으로 결정된 날부터 30일 이내(재선거·보궐선거 등의 경우에는 당선인으로 결정된 날부터 10일 이내를 말한다)에 당선인으로 결정된 날을 기준으로 다음 각 호의 사항을 윤리심사자문위원회에 등록하여야 한다. (이하 생략)

▼

일명 '이해충돌 방지법'이라 불리는 이 법안을 요약해 보자면 '국회의원 본인이나 가족에게 이익이 되는 결정을 하지 않도록 막는 법안'이다. 공적인 임무를 수행하고, 법안을 만들거나 심사해서 의결하는 국회의원이 혹시나 본인 및 가족에게 유리하게 법을 제정할 수 있으니 이를 막고자 하는 취지다.

퍼뜩 이런 생각이 들 수도 있다. '당연한 거잖아?'라고 말이다. 이 당연한 법이 국회법에 명시된 건 불과 2021년이다. 그전까진 이해충돌 방지법이 국회법에 아예 존재하지 않았다.

이해충돌 방지법이 국회법으로 자리 잡게 된 계기는 여러 가지 있지만, 핵심 원인은 2021년 한국토지주택공사(LH) 임직원들의 부동산 투기 사건이다. LH 임직원들이 내부 정보를 이용해 광명·시흥 신도시 개발 예정지에서 대규모로 토지를 매입한 정황이 드러났고, 이 사건이 공론화되면서 공직자의 이해충돌 방지법 제정이 급물살을 타게 됐다.

그동안 이해충돌 방지법이 일절 언급되지 않았던 것은 아니다. 2010년대 초반부터 꾸준하게 법으로 제정해야 한다는 의견이 있었으나, 국회의원들은 이 법이 오히려 의원 활동 범위에 제약을 준다는 이유로 심사를 미뤄왔다. LH 사건이 전국민적 분노를 일으키니까 그제야 공직자 전체 범위를 명시한 후, 국회의원 본인들도 포함시킨 것이다.

이해충돌 방지법이 제정되기 전까지 이해충돌 문제를 일으킨 국회의원은 여럿 있었다. 자신이 실질적 주주로 자리한

학교법인의 이사장 승진에 개입한 국회의원, 금융감독원장에 임명되기 전 피감기관의 돈으로 해외 출장을 다녀온 국회의원, 국토교통위원회 위원으로 활동하면서 본인과 본인 가족 소유의 건설회사가 수천억 원 규모의 정부 공사를 수주하게 만든 국회의원, 본인의 사돈이 운영하는 회사가 정부 사업에 참여할 수 있도록 힘쓴 국회의원 등 다양하다. 이런 일들이 비일비재해도 국회는 오랫동안 묵묵부답이었다.

그런데 한 편으로 의아한 점은, LH 부동산 투기 사건 발생일과 이해충돌 방지법 제정일 사이의 '기간'이다. 국회는 LH 부동산 투기 사건 발생 두어 달 만에 이 법을 국회법에 신설했다. 여론이 분노했기 때문이라는 건 실로 와 닿지 않는다. 우리 모두가 알다시피 뻔뻔하고 고고한 의원님들께선 시민 눈치를 딱히 보지 않는다. 그런 분들께서 자기 목에 덜컥 방울을 달았다는 게 영 대한민국 국회의원답지 않다.

시간을 거슬러 올라가 보면 답이 나온다. 역시 선거를 앞두고 있었다.

LH 부동산 투기 의혹은 2021년 3월

1일에 민주사회를위한변호사모임과 참여연대가
최초로 발표했고, 곧바로 이어진 4월 7일에는
재·보궐선거가 있었다. 4월 재·보궐선거는
서울시장과 부산시장을 포함헤 총 21개의
광역·기초 단체장 및 의원이 결정되는 중요한
선거였다.

　　선거를 앞두고서야 이해충돌 방지법이
국회 무대에 정식으로 오를 수 있었다. 역시
한결같이 실망스러운 우리 의원님들이다.

거대 정당만
존재하는

국회

제33조(교섭단체)

① 국회에 20명 이상의 소속 의원을 가진 정당은 하나의 교섭단체가 된다. 다만, 다른 교섭단체에 속하지 아니하는 20명 이상의 의원으로 따로 교섭단체를 구성할 수 있다.

② 교섭단체 대표의원은 그 단체의 소속 의원이 연서·날인한 명부를 의장에게 제출하여야 하며, 그 소속 의원에 이동(異動)이 있거나 소속 정당의 변경이 있을 때에는 그 사실을 지체 없이 의장에게 보고하여야 한다. 다만, 특별한 사유가 있을 때에는 해당 의원이 관계 서류를 첨부하여 이를 보고할 수 있다.

③ 어느 교섭단체에도 속하지 아니하는 의원이 당적을 취득하거나 소속 정당을 변경한 때에는 그 사실을 즉시 의장에게 보고하여야 한다.

▼

앞서 제3조에서 간단히 언급했듯이, 국회는
20명 이상의 소속 의원을 가진 교섭단체
중심으로 움직인다. 효율에 초점을 맞춘 운영
방식 때문에 가장 민주적이어야 할 국회는 가장
권력 중심적 장소로 변질됐다. 한국은 과거부터
사실상 양당 체제를 유지하고 있다. 소수 정당의
원내 진출이 없었던 것은 아니지만, 거대 양당
위주의 선거제도 때문에 소수 정당 단독으로
교섭단체를 만들기란 어렵다.

　　　선거 때만 되면 거대 정당들은 '사표론'을
언급한다. 고작 당신의 신념을 지키기 위해서
저 부당한 악마들을 국회로 불러들일 거냐고
겁박하기 바쁘다. 이 역사가 오래 이어진 결과,
대한민국 국회는 더불어민주당과 국민의힘,
두 정당의 권력 다툼장으로 완벽히 정리됐다.
유리한 지역에는 막대기만 꽂아놔도 당선되는
구도를 만든 덕분에, 거대 양당은 단 한 번도
교섭단체 지위를 잃은 적 없다.

　　　교섭단체가 아닌 비교섭단체(누차
강조하지만 국회법에는 비교섭단체라는 명칭 자체가

없다) 소속 국회의원도 똑같은 동료 의원이지만, 이들에겐 교섭단체 대표의원이나 국회의장의 '허락'이 있지 않은 이상 아무런 결정권이 없다.

국회 활동의 핵심인 상임위원회 선택권마저 국회의장 권한으로 국회법에 명시돼 있다. 이에 오랫동안 언론 개혁에 전념했던 정치인이 국회의원이 됐을 때, 그는 비교섭단체 소속이라는 이유로 국회 방송·통신 관련 위원회에 자리할 수 없었다. 의장 권한으로 뜬금없이 외교통일위원회에 일방적으로 배치됐다.

또한 교섭단체들은 상임위원회 소속 의원 정수까지 자기들 마음대로 의장과 단합해 조율할 수도 있다. 여기에 몇 명을 넣고, 저기에 몇 명을 넣을지. 인기 있는 상임위원회는 지난 국회보다 얼마나 더 자리를 늘려줄지 등 자기들 입맛에 맞게 요리한다.

국회법이나 국회 규칙에 명시된 교섭단체·교섭단체대표의원의 권한은 조항 개수만 40개가 넘는다. 의석 배정 협의권, 인사청문특별위원회 설치 협의권, 의사일정

변경 협의권, 비교섭단체 소속 의원의 발언 시간과 발언자 수 결정 협의권, 상임위원회 간사 선임권 등 국회 운영 전반에 관여할 수 있다. 이 모든 것들이 거대 정당이라는 이유로 일방 진행되는 동안 교섭단체 바깥에 존재하는 국회의원들은 상황을 모르는 채 결과만 기다려야 한다.

교섭단체의 또 다른 권력은 '돈'과 직결돼 있다. 정당 정치로 이뤄지는 대한민국 국회인 만큼, 각 정당에 주어지는 국가보조금은 매우 중요한 요소라 할 수 있다. 그런데 이 보조금마저 교섭단체 위주로 배분된다. 「정치자금법」 제27조에 따르면, 국고보조금은 총액수의 50%를 교섭단체가 먼저 나눠 갖는다. 전체 액수의 절반을 거대 양당이 떼어가는 것이다.

그 후 교섭단체가 아닌 정당 중 5석 이상의 의석을 가진 정당에 5%만 준다. 5석도 안 되는 정당일 경우에는 2%를 준다. 거대 양당에 비하면 손톱만큼인 이 보조금도 그냥 주는 것이 아니다. 국회의원 선거 득표수 비율이 얼마인지,

국회의원 선거에 출마 후보가 없었다면 지방선거 득표수 비율은 얼마인지 등 별도의 조건이 있다. 물론 국가보조금이 사이비 정당에 지급되는 걸 막고자 하는 취지는 알겠지만, 거대 양당이 묻지도 따지지도 않고 일사천리로 절반을 뚝 떼어가는 경우와 비교하면 이게 과연 공정한가 묻게 된다.

이처럼 교섭단체는 표면적으로는 '국회의 원활한 운영을 위해' 결성되지만, 거대 정당들의 야합에 힘을 실어주는 제도라는 비판이 있을 수밖에 없다. 소수 정당이 만년 소수 정당으로만 남는 건, 비단 정치력이 부족해서만은 아니다. 게임 룰부터 거대 정당에 유리한 방식으로 오랫동안 편성돼 왔다.

교섭단체라는 존재에 대해 많은 연구 결과도 발표되고 있는데, 대부분 교섭단체 결성 기준 문턱을 낮춰야 한다고 지적한다. 20명 이상이 아니라 10명 이상, 혹은 5명 이상으로 완화하는 것이다. 하지만 박정희 시절부터 50년 동안 기준을 바꾸지 않은 거대 양당이 과연 용인할까?

누군가는 '표를 많이 받은 정당이니까 그에 상응하는 권력을 줘야 한다'라고 하지만, 비례성과 대표성이 떨어지는 선거 구도를 고집하는 한국에서 득표수는 정당한 근서가 될 수 없다. 거대 정당이 아닌 소수의 정당에 자신의 뜻을 담고자 하는 시민들은, 교섭단체 위주 국회에서 자꾸만 배제되는 역사가 반복되고 있다.

잘 사는 사람은 계속 잘 살고, 못사는 사람은 계속 못 사는 게 당연한 사회가 만들어지는 건 결국 소수의 목소리들이 묻히기 때문이다. 50년 동안 바뀌지 않은 구도가 지금의 한국 사회를 만들었다면, 이제는 판을 뒤엎어야 하지 않을까.

제34조(교섭단체 정책연구위원)

① 교섭단체 소속 의원의 입법 활동을 보좌하기 위하여 교섭단체에 정책연구위원을 둔다.

② 정책연구위원은 해당 교섭단체 대표의원의 제청(提請)에 따라 의장이 임면한다.

③ 정책연구위원은 별정직공무원으로 하고, 그 인원·자격·임면절차·직급 등에 필요한 사항은 국회규칙으로 정한다.

▼

교섭단체가 갖는 혜택 중 또 하나는
'정책연구위원'을 둘 수 있다는 점이다.
국회법에는 아주 간략히 설명돼 있지만, 관련
규칙을 보면 이게 단순히 연구자 몇 명 더 두는
정도가 아니다.
　　「교섭단체 정책연구위원 임용 등에 관한
규칙」에는 정책연구위원을 몇 명까지, 몇 급까지
둘 수 있는지 상세히 설명돼 있다.

일단 총정원은 77명까지 둘 수 있다. 이 77명을 교섭단체들이 의석수 비율로 나눠 가진다. 그러니까 거대 양당이 77명을 자기 의석수 비율로 나눌 뿐이라는 것이다. 세다가 77명을 별정직 공무원 1급부터 4급으로 '지정'할 수 있다. 공무원 임용 시험을 보거나 어떤 통과 의례를 거치는 것이 아니라, 정당에서 경력을 보고 1급이나 2급, 3급, 4급을 지정해 주는 방식이다.

물론 자격 기준이 있기는 하다. 다만, 자격 기준 역시 자유롭게 해석할 수 있게 널널하다. 해당 규칙 제7조(임용자격기준)에서 말하는 자격 기준은 1급부터 4급까지 분류돼 있는데, 경력 햇수만 급수에 따라 조금씩 차이 날 뿐 큰 틀은 비슷하다.

지면 한계상 1급 기준만 가지고 와봤다.

「교섭단체 정책연구위원 1급 자격기준」

① 2급상당 정책연구위원으로 2년 이상 재직한 자

② 교섭단체나 정당의 중앙당 정책연구부서 또는 집행부서에 종사한 자로서 국장(이에 준하는 직급 및 전문위원을 포함한다)으로 1년 이상 재직한 자

③ 국회에서 의사 및 입법조사의 직무에 종사한 자로서 2급 이상의 공무원의 직에 재직한 자

④ 2급 이상의 공무원의 직에 2년 이상 재직한 자

⑤ 4급(상당) 이상의 공무원의 직에 10년 이상 재직한 자

⑥ 국가 또는 공공의 연구기관·언론기관에 종사하거나 그 기관과 관련된 직무 경력이 있는 자로서 동일한 직급에 상응하는 직에 재직한 자

⑦ 변호사 자격 또는 박사학위의 소지자로서 관련된 직무에 5년 이상 경력이 있

는 자

⑧ 4년제 대학에서 부교수 이상으로 3년 이상 재직한 자

⑨ 시민단체(비영리민간단체지원법 제2조의 규정에 의한 비영리민간단체를 말한다)에 12년 이상 재직한 자로서 정책연구부서의 실·국장급 경력이 있는 자

⑩ 광역지방자치단체의회의원으로 4년 이상 재직한 자

열 가지 항목 중 하나만 충족하면 1급 공무원이 될 수 있다. 거대 정당의 중앙당(대체적으로 서울 여의도 부근에 위치한 당 사무실을 정당의 중앙당이라 부른다)에서 국장급으로 1년 이상 일하면 1급 공무원이 될 수 있다. 변호사 경력이 5년 이상이어도 1급 공무원이 될 수 있다. 부교수 이상급으로 3년 이상 재직해도 1급 공무원이 될 수 있다.

이 경력들이 우습다는 게 아니다. 정책을 연구하고 고민해서 사회를 개선할 의무가 있는

사람들이 갖춰야 하는 자격치고는, 국가 공무원 1급이 갖춰야 하는 자격치고는 꽤 여유로운 게 사실이다.

심지어 변호사, 교수, 중앙당 국장 등은 짧으면 1년, 길어야 5년의 경력을 요구하는 반면, 시민들과 현장에서 부대끼며 뛰는 시민단체 활동가에겐 12년을 요구한다. 아무리 정치가 엘리트주의로 범벅됐다고 하지만 이상하지 않은가.

77명을 거대 양당이 자기 몫으로 알아서 분배하고, 그들에게 1급부터 4급까지의 공무원직을 선사하고, 선사받은 리스트를 국회의장이 승인하는 등 서로 끌어주고 밀어주는 과정을 나처럼 보통의 시민들은 투명하게 볼 수 없다. 어제도 오늘도 내일도 성실히 세금을 내며 정책연구위원들의 수당을 채워주는 건 보통의 시민들인데 말이다. 참고로 1급부터 4급까지의 정책연구위원 평균 연봉은 1인당 1억 원 내외다.

정책연구위원들이 무슨 일을 어디서 어떻게 하는지, 관리 감독은 되고 있는 건지도 시민들은 알 수 없다.

      얼마 전 거대 양당 중 한 곳은 2급 정책연구위원으로 채용한 사람을 지역구 사무처장으로 임명했다고 한다. 지역구 사무처장 업무가 '교섭단체 정책연구위원'이라는 국회 별정직 고위공무원에게 적합한 업무인지 참으로 궁금하지만, 물어볼 곳이 없고 물어봐도 아마 표면적인 답변만 받을 것이다.

제37조(상임위원회와 그 소관)

① 상임위원회의 종류와 소관 사항은 다음과 같다.
   (이하 생략)
② 의장은 어느 상임위원회에도 속하지 아니하는 사항은 국회운영위원회와 협의하여 소관 상임위원회를 정한다.

▼

상임위원회란 쉽게 말해 '안건 심사 기구'다.
발의된 안건이 적합한지, 법안 시행에 따른
예산은 얼마나 필요한지, 책정된 예산이
합당한지 등을 최종 심사해서 본회의로 올리는
곳이다.
　　현재 본 도서 초판 발행일 기준으로,
국회에는 17개의 상임위원회와 1개의
상설특별위원회가 있다. 각 위원회를
가나다순으로 정리하면 다음 장과 같다.

과학기술정보방송통신위원회

교육위원회

국방위원회

국토교통위원회

국회운영위원회

기획재정위원회

농림축산식품해양수산위원회

문화체육관광위원회

법제사법위원회

보건복지위원회

산업통상자원중소벤처기업위원회

여성가족위원회

예산결산특별위원회

외교통일위원회

정무위원회

정보위원회

행정안전위원회

환경노동위원회

국회의원이 발의한 법안은 특별한 경우를 제외하고 모두 법안에 맞는 상임위원회를 거쳐야 한다. 상임위원회에서 검토를 마치면 법제사법위원회에서 체계·자구 심사를 시행한 뒤 본회의에 올리는 식이다. 여기서 문제가 발생한다. 법제사법위원회를 통과하지 못하면 법안이 폐기될 수도 있기 때문이다. 이에 법제사법위원회(이하 '법사위')는 국회 안의 국회, 또는 사실상 '상원'으로 불리기도 한다.

법사위의 주요 역할은 체계·자구 심사다. 법안이 헌법 규정에 위배되지 않는지, 기존의 다른 법률과 모순되는 지점은 없는지, 법률적 용어가 모호해서 수정해야 할 부분이 없는지 등 전반적인 '형태'를 심사한다. 원칙적으로는 법안의 내용까지 심사하는 것은 금지된다(다른 상임위원회에서 이미 심사 완료했기 때문에). 하지만 법사위는 형태 심사라는 원칙만 활용해도 법안이 본회의까지 가는 걸 막을 수 있다.

마지막 저지선 같은 역할을 법사위가 할 수 있다 보니, 국회는 그동안 법사위원장 자리를 과반 미만의 교섭단체에게 내어주는 편이었다.

과반의석의 교섭단체는 국회의장 자리까지
거머쥘 수 있으니, 이를 견제할 수 있는 수단
차원에서 법사위원장을 양보하는 것이다.
하지만 이것은 국회법에 명시된 사항이 아니라
'관례'에 불과하다. 따라서 국회의원들은 선거가
끝난 후 소속 상임위원회와 상임위원장을
결정하는 과정에서 꼭 이 법사위원장 자리를
두고 다퉈왔다.

　　　법사위에 대한 의견은 보는 사람마다
다르다. 국회 내 국회라 불릴 정도로 무소불위의
권력이라고 지적하는 사람도 있고, 겉으로
보기에만 권한이 있지 현실적으로는 그렇게
큰 권한이 없다고 하는 사람도 있다. 둘 중
어느 쪽의 답변이 맞다고 확언할 수 없다.
중요한 사실은, 그 위원장 자리에 '실력이나
경력을 따져봤을 때 적합한 사람'을 민주적으로
결정해서 앉히는 게 아니라, 위원장 자리를
정치적으로 거래하는 것에만 몰두하고 있다는
점이다.

　　　법사위원장 줄 테니 무얼 달라,
법사위원장 자리 양보하면 우리는 이쪽 위원장

자리 달라는 둥 국회의원들에겐 위원장 자리가 정치 화폐일 뿐이다.

제22대 국회도 마찬가지다. 법사위원장을 누가 가질 것인지, 법사위원장 자리 주면 국회운영위원장 자리 받을 것인지 등으로 지루하게 다투기만 할 뿐 정치적 합의를 전혀 보지 않았다. 한쪽은 '쟤네가 너무 우겨요'라고 울먹이고 다른 한쪽은 '쟤네가 우리 말 안 들어줘요'라고 억울해한다. 중장년 남성들로 득실거리는 국회가 할 소리는 아니다.

국민을 위한 정치는 없고 자기네 정치적 목적을 어떻게 달성한 것인지에 대한 고민만 가득하다. 기본적 협치도 못하는 사람들에게 우리는 너무 많은 권한을 넘겨주고 있는 것 아닐까.

제48조(위원의 선임 및 개선)

① 상임위원은 교섭단체 소속 의원 수의 비율에 따라 각 교섭단체 대표의원의 요청으로 의장이 선임하거나 개선한다. 이 경우 각 교섭단체 대표의원은 국회의원 총선거 후 첫 임시회의 집회일부터 2일 이내에 의장에게 상임위원 선임을 요청하여야 하고, 처음 선임된 상임위원의 임기가 만료되는 경우에는 그 임기만료일 3일 전까지 의장에게 상임위원 선임을 요청하여야 하며, 이 기한까지 요청이 없을 때에는 의장이 상임위원을 선임할 수 있다.
② 어느 교섭단체에도 속하지 아니하는 의원의 상임위원 선임은 의장이 한다.

▼

제41조를 설명하기 전에 제48조를 먼저 설명해야 흐름상 이해가 쉬울 것 같아 앞으로 당겨왔다. 제48조는 각 상임위원회의 위원들, 즉 국회의원 배치를 어떻게 할 것인가에 대한

내용을 담았다. 다시 한번 교섭단체의 힘을 실감하는 대목이라 할 수 있다.

제33조에서도 간단히 언급했듯이, 교섭단체를 구성할 수 있는 거대 양당 소속이 아니면 '내가 원하는 상임위원회'에 자리할 확률은 미지수다. 소수 정당 소속이거나 무소속인 국회의원은 교섭단체 대표들이 자기네 국회의원 배치를 다 마칠 때까지 가만히 기다렸다가 국회의장이 지정해 주는 상임위원회로 가야 한다. 도의상 경력을 바탕으로 지정해 주기도 하지만, 남은 자리를 배분하기에 엉뚱한 곳으로 배치할 때가 많다.

상임위원회 중 가장 인기가 많은 곳은 국토교통위원회, 그리고 산업통상자원중소벤처기업위원회다. 이름만 봐도 알 수 있듯이 지역구나 기업 예산이 가장 먼저 논의되는 곳이기 때문이다. 이곳 소속 국회의원들은 지역, 혹은 기업이 통 크게 지출하는 정치후원금을 많이 받아낼 수 있을뿐더러, SOC 사업이나 지역 산업 등에 영향력을 끼쳐 추후 자기 성과를 만들어낼 수 있다. 성과가 만들어진다는 건 곧 다음 선거 때 자랑할 성적표가 만들어진다는 것과 같다.

이처럼 인기 상임위원회에 교섭단체들이 치열하게 몰려들고, 그다음으로 인기 있는 상임위원회, 또 그다음으로 인기 있는 상임위원회에 자리한다. 소수 정당 소속 의원이나 무소속 의원은 잔치가 다 끝난 후에야 입장하는 쓸쓸함을 겪어야 한다. 이렇게 구성된 상임위원회는 2년 동안 유지되고, 2년 임기가 끝나면 또 교섭단체끼리 이 자리 내놓아라, 저 자리 내놓아라, 우리 의원 이만큼, 너희 의원 이만큼 외치면서 협의 후 다시 2년을 채운다. 거대 양당의 합작이라 볼 수 있는 이 제도를 개선하고자 그동안 수많은 지적이 현직 국회의원들 사이에서도 있었지만, 꿈쩍도 하지 않았다.

제48조에서 우리가 주목해야 할 또 다른 디테일은 1항에 명시된 '2일 이내'과 '3일 전'이다. 이건 다음에 이어질 제41조 설명과 함께 살펴보자.

제41조(상임위원장)

① 상임위원회에 위원장(이하 "상임위원장"이라 한
다) 1명을 둔다.

② 상임위원장은 제48조제1항부터 제3항까지에 따
라 선임된 해당 상임위원 중에서 임시의장 선거의
예에 준하여 본회의에서 선거한다.

③ 제2항의 선거는 국회의원 총선거 후 첫 집회일부
터 3일 이내에 실시하며, 처음 선출된 상임위원장
의 임기가 만료되는 경우에는 그 임기만료일까지
실시한다. (이하 생략)

▼

제41조를 쉬운 말로 풀어보면 국회는 다음과
같은 과정을 원활하게 이행해야 한다.
　　　먼저 모든 상임위원회에 어떤 국회의원을
앉힐지 선거가 끝나면 빠르게 결정해야 한다.
이어 각 상임위원회마다 소속 국회의원 명단이
나오면, 그중에 상임위원장을 누구로 할지

협의해 본회의에서 투표한다. 최종적으로
결정된 상임위원장을 중심으로 국회는 '일'을
시작해야 한다.

　　국회법에는 여기까지의 법정시한을 '선거
개표에 따라 당선인이 결정된 후 처음 열리는
본회의로부터 3일 이내'라고 명시하고 있다.
3일이라고 해서 빠듯해 보이지만, 한 달 넘는
기간이다.

　　선거 당선인이 결정되는 건 4월 9일 이후
첫 번째 수요일, 당선인이 정식 국회의원이 되는
건 5월 30일, 첫 본회의가 열리는 건 대개 6월
초다. 두 달 가까이 이 협상에 지지부진하면
국회는 태업으로 첫 시작을 알린다.

　　그러나 놀랍게도(혹은 당연하다는 듯이)
국회는 지난 30년간, 이 법정시한을 단 한 번도
지키지 않았다. 국회가 국회법을 지키지 않은 채
법사위원장 내놓으라느니 국회운영위원장 줄
거니까 넘어가자느니 하며 싸워도 아무런 법적
처벌을 받지 않았다. 국회법에는 국회의원이
약속을 지키지 않았을 때를 고려한 처벌 규정이
없기 때문이다.

그럼 지난 30년간 지키지 않았다면, 그 30년 전에는 지켰을까? 역시나 아니다. 30년 전 국회법에는 이 법정시한조차 없었다.

제50조(간사)

① 위원회에 각 교섭단체별로 간사 1명을 둔다.

② 간사는 위원회에서 호선하고 이를 본회의에 보고한다.

③ 위원장이 사고가 있을 때에는 위원장이 지정하는 간사가 위원장의 직무를 대리한다.

④ 위원장이 궐위된 때에는 소속 의원 수가 많은 교섭단체 소속 간사의 순으로 위원장의 직무를 대리한다. (이하 생략)

▼

국회에 국회의장과 국회부의장이 있다면, 상임위원회에는 상임위원장과 간사가 있다. 간사는 상임위원회 안에서 위원장 다음으로 협상권이 강한 존재다. 1항에 명시된 것처럼 간사 자격 역시 교섭단체 소속 국회의원만 가능하다. 이 말을 현재 국회에 적용해 보면 어느 상임위원회를 가더라도 상임위원장과

간사 자리는 거대 양당 소속 국회의원으로만
채워진다는 뜻이다. 두 당을 견제할 또 다른
세력은 없다.

'그래도 더불어민주당과 국민의힘이 서로
대립되는 관계니까 괜찮은 것 아닌가?'라고
생각할 수도 있다. 하지만 두 정당은 기득권
밥그릇 문제가 달린 일에는 언제 싸웠냐는 듯
마음을 맞춘다. 지난 국회에 있었던 조세정책
국정감사에서 실제로 이런 일이 일어났다.

기획재정부의 조세정책 국정감사
현장에서 거대 양당 간사는, 윤석열 정부의
부자감세안을 추가 토론이나 합의 없이
통과시켰다. 기획재정위원회 국회의원들이
정부가 제출한 법안을 겨우 1회독 검토한
상황이었고, 이건 발생 지점이 여럿 있었는데도
이를 간사 자격으로 합심해 넘긴 것이다. 양당
간사 두 명과 정부 측 인사 한 명이 모여 별도의
장소에서 합의했기에 공식 회의 기록도 남지
않았다.

더 황당한 사실은, 이처럼 정부의 세법 개정안은 항상 거대 양당 간사의 밀실 협의로 이뤄지는 '국회 관행'이 있다는 점이다. 단 한 번만 한 게 아니라 그동안 꾸준히 있었다. 당연히 문제 되는 관행이기에 양당 간사의 밀실 협의를 막는 법안도 제출됐지만, 또 클리셰처럼 임기만료폐기로 끝났다.

이쯤에서 혹시나 의아한 분들이 있을지도 모르겠다. '어? 민주당은 윤석열 정부 부자 감세 정책 비판했는데?'라고 말이다. 비판은 하는데 합의는 다 해줬다. 아무리 대통령 권한이 막강하다고 해도 정부의 부자 감세 정책 등은 정부 단독으로 통과시킬 수 없다. '모든 세금 정책 개정안'은 '국회의 최종 승인'이 필수다.

다시 한번 강조한다. 모든 세금 정책 개정안은 국회의 최종 승인이 필수다.

이런 문제 외에도 간사가 아니면 상임위원회 일정을 협의할 수 없고 통보만 받아야 하거나, 법안 심사 과정에서 논란이 있어도 간사끼리 협의만 되면 일사천리로 통과되는 등 여러 문제가 있다.

국회법 제1조는 국회의 민주적 운영을 지향한다고 했다. 이것이 민주적 운영이라 볼 수 있을까.

무책임도
용서하는

국회

제73조(의사정족수)

① 본회의는 재적의원 5분의 1 이상의 출석으로 개의한다.

② 의장은 제72조에 따른 개의시부터 1시간이 지날 때까지 제1항의 정족수에 미치지 못할 때에는 유회(流會)를 선포할 수 있다.

③ 회의 중 제1항의 정족수에 미치지 못할 때에는 의장은 회의의 중지 또는 산회를 선포한다. 다만, 의장은 교섭단체 대표의원이 의사정족수의 충족을 요청하는 경우 외에는 효율적인 의사진행을 위하여 회의를 계속할 수 있다.

▼

국회 본회의는 국회의원이 최소 60명은 출석해야 개의할 수 있다. 여기에 미치지 못할 때는 국회의장이 잠깐 중지하거나 아예 산회할 수도 있다. 그런데 가끔 우리가 뉴스 화면이나 기타 미디어를 통해 국회 장면을 볼 때, 딱 봐도

60명에 못 미치는 것 같은데도 회의가 진행되고 있을 때가 있다. 국회 출석률에 대한 맹점이 바로 여기에 있다.

2항을 보면 개의 후 1시간이 지날 때까지 정족수에 미치지 못하면 유회를 선포할 수 있다고 했다. 이 말을 달리 해석하면 1시간 후에 자리를 뜨더라도 국회 출석이 인정된다는 뜻이다. 얼굴도장만 찍고 가도 출석 인정되는 곳이 대한민국 국회다. 출석이 인정되면 각종 활동비 경비도 꼬박꼬박 입금된다. 실로 최고의 직장 아닌가.

본회의 전체 시간에 충실히 참석하는 게 아니라, 필수 시간만 잠깐 채우고 자기 할 일 하러 가도 문제 되지 않으니, 소수 정당의 외침이나 발언 등은 공허하게 울려 퍼질 때가 많다. 그 예시 중 하나로, 지난 국회 임기 막바지를 앞두고 있을 때 발표된 정의당 양경규 의원의 발언을 가지고 왔다.

당시 국회는 마지막 회기를 거치고 있었고, 선거 결과가 다 나온 상태인 만큼 필요한 표결만 끝나면 서둘러 해산하는 분위기였다. 국민의힘 의원들은 채 해병 특검법에 대해 반대하는 의미로 모두 본회의장을 떠났고, 민주당 의원들 역시 표결 후 기자회견 등을 하러 자리를 비웠다. 양경규 의원의 마지막 5분 발언이 예고돼 있었지만, 동료 의원에 대한 존중은 없었다.

거대 양당이 꼭 들어야 할 이야기로 가득했지만, 경청한 의원은 적었다. 다음은 양경규 의원 발언 전문이다.

존경하는 국민 여러분, 국회의장님과 동료 선배 의원 여러분!

어쩌면 마지막으로 주어진 5분 발언이 아닐까 싶습니다. 사회적 약자의 편임을 자임해 온 정의당 의원으로서, 이제 원외가 되는 정의당의 의원으로서, 그리고 불과 4개월 임기의 초짜 의원으로서 5분을 어떻게 채울까 고민이 많았습니다.

양당의 의원님들에게 꼭 드리고 싶은 말씀이 있었는데 이렇게 이빨이 빠진 의사당을 대하고 보니 이 짧은 발언이 무슨 의미가 있을까 싶기도 합니다.

21대 국회는 우리 정치사에 무엇을 남겼을까요? 불평등과 차별, 기후위기라는 복합위기 시대에 어떤 대안을 만들었을까요?

우리 사회의 불평등은 이제 그저 심각하다는 수준을 넘고 있습니다. 21대 국회는 이 불평등을 바로 잡는 근본적인 대책을 마련하는 데 실패했습니다.

저임금, 비정규직 하청노동자를 위한 노조법 2·3조 개정은 대통령의 거부권으로 무산되었고 특수고용 노동자, 플랫폼 노동자를 보호하기 위한 각종 입법화 시도도 모두 실패했습니다. 5인 미만 사업장 근로기준법 적용, 쪼개기 계약으로 노예가 되는 노동자를 보호하기 위한 초단기 계약 방지법, 올해 1분기에만 역대 최대인 5,718억을 기록한 체불임금에 대한 방지법, 모두 상정조차 못 했습니다. 소상공인의 부채 문제는 양당의 지리한 탐색전만 4년 내내 지속되었습니다. 저출생 대책, 연금 개혁은 쏟아 놓은 말만 무성한 채 끝났습니다.

민생을 위한 재정 대책이 도마 위에 올랐지만, 양당은 남들이 보는 곳에서는 공방을 벌이고 밀실에서는 부자 감세를 주고받았습니다. 21대 국회는 너무나 무책임했습니다.

차별과 혐오의 일상화, 민주주의와 인권의 후퇴 또한 21대 국회의 책임이 큽니다. 차별금지법은 거대 양당의 공조 속에 실종되었습니다. 여가부와 국가인권위원회는 본연의 길을 잃고 있습니다. 거부권으로 무산된 방송3법을 필두로 언론과 방송의 자유는 말살의 지경에 이르고 있습니다. 인권의 한 징표였던 학생인권조례의 폐지가 밀려오고 있습니다. 일차적인 책임은 국민의힘에 있다고 하겠지만 압도적인 의석을 갖고도 주춤주춤 눈치를 본 민주당의 책임이 없다 할 수 없을 것입니다.

민생은 뒤로 하고 서로에 대한 선동적인 발언으로, 혐오에 가득 찬 언어로 상대방을 비난하는 정치권의 수사들이 혐오와 차별의 한국 사회를 만드는 또 하나의 요인이었음을 부정할 수 없습니다. 정치적 힘을 위해 도덕적 가치를 가진 공정, 정의, 상식 등의 낱말을 사용하다가 그 말이 자신들의 발목을 잡으면 언제든지 가차 없이 폐기하는 것이 두 당의 일상이었습니다.

기후위기는 어떻습니까? 위기를 넘어 재앙으로 치닫고 있는데 대한민국의 기후대책은 참으로 한심하기 그지없습니다. 사과값 1만 원으로 홍역을 치르면서도 그 본질을 보지 못했고, 탄소중립을 이야기하면서도 정의로운 전환을 위한 변변한 입법 하나 만들지 못했습니다. 21대 국회가 어찌 양심과 책임을 다한 국회라 할 수 있겠습니까?

불편하시겠지만 양당이 국민의 삶에 대한 책임의 몫이 크므로 반드시 들어야 하는 이야기입니다. 저는 과거를 향해 말하고 있는 것이 아닙니다. 저의 발언은 미래를 향한, 22대 국회를 향한 발언입니다. 우리 사회에 책임이 큰 두 당의 변화된 노력을 당부드립니다. 총선이 윤석열 정부에 대한 국민의 경고임은 분명하지만, 그것이 곧 민주당에 대한 지지일 수 없다는 점 또한 헤아리시기를 바랍니다. 이제 원외가 되는 정의당의 의원으로서 양당에게 위기의 시대, 추락하는 민생을 책임지는 22대 국회로 만들어 주시길 간곡히 부탁드립니다.

존경하는 국민 여러분!

어찌 정의당의 책임이 없다 하겠습니까? 정의당은 총선에서 국민들이 내려준 평가와 심판이 윤석열 정부의 몫만은 아님을 깊이 인식하고 있습니다. 정의당은 이제 원외 정당이 됩니다. 20년 진보 정치 역사의 한 시대가 저물고 있습니다. 부족했던 부분 눈 부릅뜨고 챙

기겠습니다. 국민 여러분이 지지하고 성원해 주셨던 진보정당으로 거듭나기 위한 연단의 시간을 갖겠습니다. 사회적 약자와 함께하고자 했던 진보 정치의 그 길, 걸코 비켜서지 않고 가겠습니다.

반드시 돌아오겠습니다. 정의당, 23대 국회 단상에 다시 한번 진보 정치의 이름으로 서겠습니다.

국민 여러분 진심으로 감사를 드립니다.

제79조(의안의 발의 또는 제출)

① 의원은 10명 이상의 찬성으로 의안을 발의할 수 있다.

② 의안을 발의하는 의원은 그 안을 갖추고 이유를 붙여 찬성자와 연서하여 이를 의장에게 제출하여야 한다.

③ 의원이 법률안을 발의할 때에는 발의의원과 찬성의원을 구분하되, 법률안 제명의 부제(副題)로 발의의원의 성명을 기재한다. (이하 생략)

▼

국회의원이 의안을 발의할 때는 10명 이상의 의원이 동의해야 한다. 국회에 그동안 발의된 법률안을 조회하면 △법안의 이름 △의안번호 △발의연월일 △발의자 명단 등이 최상단에 표기돼 있다. 대표 발의자와 함께 발의자 명단에 자신의 이름을 등록한다는 건 곧 해당 법률안에 동의함을 천명하는 것과 같다.

하지만 발의한다고 해서 무조건 법안이 만들어지는 것은 아니다. 발의는 말 그대로 법률안을 만들어서 '저는 이런 법을 만들고자 합니다'를 말하는 과정일 뿐이다. 이 법률안은 관련 상임위원회와 법사위를 거쳐 최종 본회의 투표에서 가결되어야 효력이 생긴다.

따라서 발의만 많이 한다고 해서 국회의원이 일을 열심히 하는 것이라고는 보기 어렵다. 자신의 법률안이 최종 통과될 수 있도록 지속적으로 힘을 써야 진짜 '일하는 국회의원'이다. 발의 개수를 본인 치적으로 자랑하는 국회의원을 우리가 조심해야 하는 이유다.

거대 양당은 소수 정당에 비해 발의 과정이 어렵지 않다. 100명, 150명 넘는 국회의원들이 한솥밥을 먹고 있으니, 뜻만 통하면 서로의 이름을 '10명 이상' 기준에 맞춰줄 수 있다. 반면, 소수 정당 소속이거나 무소속 국회의원은 법률안을 들고 다니며 여러 의원에게 찾아가 설득해야 한다. 법률안 통과도 아니고 발의하는 것조차 출발선이 다른 셈이다.

제104조(발언 원칙)

① 정부에 대한 질문을 제외하고는 의원의 발언 시간은 15분을 초과하지 아니하는 범위에서 의장이 정한다. 다만, 의사진행발언, 신상발언 및 보충발언은 5분을, 다른 의원의 발언에 대한 반론발언은 3분을 초과할 수 없다.

② 교섭단체를 가진 정당을 대표하는 의원이나 교섭단체의 대표의원이 정당 또는 교섭단체를 대표하여 연설(이하 "교섭단체대표연설"이라 한다)이나 그 밖의 발언을 할 때에는 40분까지 발언할 수 있다. 이 경우 교섭단체대표연설은 매년 첫 번째 임시회와 정기회에서 한 번씩 실시하되, 전반기·후반기 원(院) 구성을 위한 임시회의 경우와 의장이 각 교섭단체 대표의원과 합의를 하는 경우에는 추가로 한 번씩 실시할 수 있다.

(중략)

⑤ 교섭단체에 속하지 아니하는 의원의 발언시간 및 발언자 수는 의장이 각 교섭단체 대표의원과 협의하여 정한다.

▼

국회의원의 '말'은 언론을 통해 주로 보도된다. 국회에서 어떤 연설을 했는지, 연설문에는 어떤 메시지가 핵심으로 들어있는지 등을 우리는 언론 보도에서 접한다. 이 말은 곧 한 국회의원이 자신의 정치 철학을 유권자에게 직접적으로 전할 수 있는 수단 중 하나가 국회 내 연설이라는 뜻이다. 유권자와 맞닿을 수 있는 효과적인 장치인데, 이것마저도 국회법은 교섭단체 중심으로 편성한다.

2항에 교섭단체대표연설 설명을 살펴보면 40분까지 발언할 수 있다고 돼 있다. 교섭단체대표연설이 있는 날에는 연설 내용이 국회 내 다른 이슈에 묻히지 않도록 별도 일정을 잡지 않는다. 엄연한 독무대가 갖춰지는 것이다. 잘 마련된 무대에서 40분의 연설문을 발표하면 그것이 언론을 통해 널리 보도될 수 있도록 국회에서 힘쓴다.

그러나 비교섭단체는 이런 연설 기회가 없다. 국회법에 '교섭단체가 아닌 정당의 연설' 규정이 존재하지 않는다. 국회 관례상

15분의 '발언' 기회만 줄 뿐이다. 시혜적으로
허락하는 이 15분 발언이 끝나면 국회는 곧바로
의사일정을 진행한다. 만약 비교섭단체 대표가
15분 동안 정말 날카로운 연설을 했다고 한들,
그날 본회의에서 특검법이나 민감한 법안이
상정되면 아무런 주목을 못 받는다.

　　우리가 소수 정당이나 무소속 의원의
연설을 미디어에서 자주 접하지 못했던 건,
국회법 자체가 기회의 불평등을 조장하고 있기
때문이다.

제114조의2(자유투표)

의원은 국민의 대표자로서 소속 징당의 의사에 기속되지 아니하고 양심에 따라 투표한다.

▼

국회법에 따르면 국회의원 개인은 소속 정당의 지침에 따라 투표하지 말아야 한다. 하지만 현실은 다르다. 모든 정당은 '당론'이라는 명분으로 본회의 안건에 찬성할지 반대할지, 혹은 기권할지 등을 소속 국회의원들에게 지시한다. 효율적인 운영을 위한다는 이유를 대지만, 명백한 국회법 위반이다.

국회의원은 국민의 대표다. 특히 지역구 국회의원은 지역을 대변하고자 국회에 자리했다. 그럼에도 불구하고 정당 지도부 의견에 따라 움직이거나, 지도부의 지시만 기다린다면 그것은 대의 민주주의가 아니다.

반대편을 막아야 한다는 이유로, 자기 이익이 손실될 수 있으니 반드시 통과시켜야 한다는 이유로 계속 당론과 지도부 의견에 따를 거라면 차라리 제114조의2를 삭제하는 게 어떨지 묻고 싶다. 지키지도 않을 법을 구태여 계속 남겨두는 이유에는, 미천한 내가 알 수 없는 의원님들의 큰 뜻이 있는 걸까.

제123조(청원서의 제출)

① 국회에 청원을 하려는 자는 의원의 소개를 받거나 국회규칙으로 정하는 기간 동안 국회규칙으로 정하는 일정한 수 이상의 국민의 동의를 받아 청원서를 제출하여야 한다. (이하 생략)

▼

국회 청원에는 국회청원심사규칙에 명시된 두 가지 방법이 있다. '국민동의청원'과 '의원 소개 청원'이다.

국민동의청원은 청원자가 온라인으로 청원서를 등록하면 30일 이내에 100명의 찬성을 받아야 한다. 이후 7일 이내에 국회는 청원요건을 검토하고, 국민동의청원 홈페이지에 본격적으로 공개한다.

공개된 청원은 다시 30일 동안 5만 명의 동의를 받아내야 한다. 그렇게 최종 청원 접수가 완료되면 청원서는 국회 내 소관위원회에서

심사한다. 청원을 본회의까지 보낼지 말지는
소관위원회 결정에 달려있다.

　　　한 번쯤 '서명해 주세요'라며
국민동의청원 동의 서명을 요청하는 게시물을
온라인에서 본 적 있을 것이다. 접수 요건인 5만
명 동의를 모으기란 쉽지 않다. 서울에 위치한
잠실야구장을 빼곡하게 두 번은 채울 정도의
인원이 모여야 청원 요건이 달성된다. 시민
한 명이 자력으로 해내기엔 어려운 이 기준을
생략할 수 있는 제도가 바로 의원소개청원이다.

　　　의원소개청원은 말 그대로 국회의원을
통해 국회로 청원을 제출하는 것이다. 청원자와
국회의원이 함께 취지 및 내용을 검토한 후,
의원이 자신의 권한으로 국회에 곧바로 제출할
수 있다. 국민동의청원에 필요한 100명, 5만 명
등의 요건이 갖춰지지 않아도 된다.

　　　이를 두고 국회의원과 개인적으로 친분이
있는 사람이 악용하지 않을까 하는 의심을
당연히 할 수밖에 없겠지만, 의원소개청원은
대의 민주주의를 실현하는 데 중요한 제도다.
문제는 이 제도를 시민들에게 적극적으로

소개하고 권장하는 국회의원이 적다는 점이다.

지난 21대 국회에 제출된 의원소개청원은 총 84건에 불과했다. 4년 동안 100건도 되지 않는 것이다. 20대 국회, 19대 국회가 평균 200개의 의원소개청원을 제출한 것과 크게 비교된다.

시민들이 의원소개청원 제도를 잘 모르고, 국회의원에게 접근하는 것이 현실적으로 어려워서 의원소개청원 수도 적다면 국회가 먼저 나서서 이 제도를 적극 알리는 것이 마땅하다. 하지만 국회는 국민동의청원이라는 제도에 기대어 적극적인 의정활동에 임하지 않고 있다. 시민들이 자력으로 5만 명을 모아 겨우 청원 요건을 만들도록 지켜보는 것이다.

각자의 지역구를 대표해 국회 현장에 뛰어든 국회의원들이 지역 민심을 중앙 행정으로 올리지 않는 것은 직무 유기다. 시민들이 표를 모아서 당선을 시켜준 건 그 권력을 제대로 올바르게 사용하라는 뜻이다. 온당하게 쓸 수 있는 권력을 숨겨두기만 하는 것은 무슨 심보인지 궁금하다.

혹시 지역 민심을 듣고 그걸 청원으로
만들어서 제출하는 게 귀찮은 걸까? 아니면
높으신 의원님들이라 지역까지 내려와서
직접 청취하는 게 불편하신 걸까? 그런
이유가 아니라면 이제라도 국회의원들은
의원소개청원을 위해 당장 국회 바깥에서 발로
뛰며 일하길 바란다.

제155조(징계)

국회는 의원이 다음 각 호의 어느 하나에 해당하는 행위를 하였을 때에는 윤리특별위원회의 심사를 거쳐 그 의결로써 징계할 수 있다. (이하 생략)

제163조(징계의 종류와 선포)

① 제155조에 따른 징계의 종류는 다음과 같다.

  1. 공개회의에서의 경고

  2. 공개회의에서의 사과

  3. 30일(제155조제2호 또는 제3호에 해당하는 행위를 한 의원에 대한 징계는 90일) 이내의 출석정지. 이 경우 출석정지기간에 해당하는 「국회의원의 보좌직원과 수당 등에 관한 법률」에 따른 수당·입법활동비 및 특별활동비(이하 "수당등"이라 한다)는 2분의 1을 감액한다.

  4. 제명(除名)

▼

국회의원도 징계를 받는다. 국회법이 규정한
절차에 따라 윤리특별위원회에 회부되고,
심문을 받거나 징계안에 대한 변명권도
보장받는다.

국회법이 명시한 징계 사유는 다양하다.
상식적으로 생각했을 때 당연한 것들(겸직,
부동산 외 영리 업무 종사, 의장석 점거, 보안 정보 공표
등)이 있고 그밖에 법리적 해석에 따라 징계안이
제출된다.

지난 국회에서 한 국회의원은 억대
가상화폐를 상임위원회 일정 중에 틈틈이
지속적으로 거래해 윤리특별위원회에
회부됐고, 또 한 국회의원은 검찰 권력에
충성심을 보이고자 법사위원장석을 점거해
윤리특별위원회에 회부되기도 했다. 그 밖에
여러 징계 절차를 밟은 국회의원들이 많다.

제163조를 보면 징계의 최고 수위는
'제명'이다. 의원직이 박탈된다는 뜻이다.
실제로 국회 윤리특별위원회가 최고 수위인
제명 의견을 낸 적이 여러 번 있다. 그러나

지금까지의 대한민국 국회에서 징계로 제명된 현역 국회의원은 단 한 명뿐이다. 1979년 김영삼 전 대통령이 국회의원이던 시절, 밀실 날치기로 정치 탄압에 의해 박탈당한 것이 유일한 사례다.

국회 무단결석률이 20%가 넘는 국회의원도, 이해충돌이 의심되지만 물적 증거가 없어서 당당한 국회의원도, 상임위원회 구성 때 합의가 안 된다는 이유로 국회법을 매번 어기는 국회의원도, 4년 임기 내내 의원청원에 손 놓는 국회의원도, 그 누구도 제명하지 않는 국회다.

이러니 "당선만 되면 끝"이라는 말이 괜히 나온 게 아니다.

국회의원윤리강령

국회의원은 주권자인 국민으로부터 국정을 위임받은 대표로서 양심에 따라 그 직무를 성실히 수행하여 국민의 신뢰를 받으며, 나아가 국회의 명예와 권위를 높여 민주정치의 발전과 국리민복의 증진에 이바지할 것을 다짐하면서, 이에 우리는 국회의원이 준수할 윤리강령을 정한다.

1. 우리는 국민의 대표자로서 인격과 식견을 함양하고 예절을 지킴으로써 국회의원의 품위를 유지하며, 국민의 의사를 충실히 대변한다.
2. 우리는 국민을 위한 봉사자로서 오직 국민의 자유와 복리의 증진을 위하여 공익우선의 정신으로 성실하게 직무를 수행하며, 사익을 추구하지 아니한다.
3. 우리는 공직자로서 직무와 관련하여 부정한 이득을 도모하거나, 부당한 영향력을 행사하지 아니하며, 청렴하고 검소한 생활을 솔선수범한다.

4. 우리는 국회의 구성원으로서 서로 간에 정치활동 상 공정한 여건과 기회균등을 보장하고 충분한 토론으로 문제를 해결하며, 적법절차를 준수함으로써 건전한 성치풍토를 조싱하도록 노력한디.

5. 우리는 책임있는 정치인으로서 우리의 모든 공사 행위에 관하여 국민에게 언제든지 분명한 책임을 진다.

▼

국회 윤리특별위원회는 국회윤리강령을 준수해야 한다고 강조한다. 또한, 「국회의원윤리실천규범」 제1조 역시 윤리강령을 성실히 준수하라고 명시했다. 그러나 윤리강령 전문을 읽을수록 헛웃음이 나온다.

　　　국민의 의사를 충실히 대변하지 않고, 사익을 추구하고, 영향력을 행사해 부유한 생활을 누리고, 건전하지 않은 정치풍토를 양성하며, 책임 없는 정치를 반복하는 국회의원을 우리는 너무나 자주 목격했다(혹은 하고 있다). 윤리강령과 정반대되는 삶을 살아도 그들은 무사히 임기를 마치거나 권력을 이어간다.

무엇보다, 윤리강령 3항에 명시된 '검소한 생활을 솔선수범한다'는 검소의 기준이 보통의 시민들과 다른 게 분명하다.

제22대 국회의원 재산 평균은 33억 원, 제21대 국회의원 재산 평균은 27억 5천만 원이었다. 최소 20억 이상이 평균인 세계에서의 '검소함'이란 과연 무엇일까. 돈 많은 사람만 정치를 해야 한다는 법은 없지만, 돈 많은 사람만 정치에 뛰어들도록 권력 구조가 갖춰지고 있다. 이는 정치가 우리와 멀어지는 주요 원인이다.

엉덩이 밑에 20억의 재산이 깔린 삶은, 최저임금의 삶을 이해하지 못한다. 오랫동안 권력의 맛을 본 삶은, '을'의 마음을 이해하지 못한다. 365일 24시간 쾌적한 업무 환경을 제공받는 삶은, 숨이 꼴깍꼴깍 넘어가는 노동 현장을 이해하지 못한다. 아무 말이나 뱉어도 사법 권력이 건드리지 못하는 삶은, 억울해도 입 다물어야 하는 심정을 이해하지 못한다.

이해가 부족한 사람들이 국회 자리를 가득 채우고 있다. 윤리강령은 사실상 쓸모가 없어진 껍데기일 뿐이다.

여기까지 이 책에 소개된 국회법 일부와 헌법 제45조, 국회의원윤리강령 등을 보면서 독자님은 어떤 생각이 들었는지 궁금하다. 솔직한 심정으로 나는 '이러니까 국회의원 되려고 기를 쓰지' 싶다. 월 1천만 원 이상의 수입, 불체포특권과 발언면책특권, 부동산 영리업 겸직 허가, 거대 정당 소속일 경우 주어지는 각종 협상권, 협상권을 바탕으로 만들어내는 여러 법안들, 기타 이 책에 언급되지 않은 혜택들(공항 수속 프리패스, 의전 차량 제공 등)을 모조리 거머쥘 수 있는 사람이 국회의원이다.

국회의원에게 허락된 모든 권력이 사라져야 한다고 생각하지는 않는다. 권력이 있어야 사회적 약자를 더욱 강력하게 보호할 수 있고, 부당한 구조도 개혁하는 등 입법 주체로서의 역할을 다 할 수 있을 것이다.

그러나 지금 우리 앞에 마주한 국회의원들은 권력에 걸맞은 책임을 다하지 않는다. 이상적 모습을 갖춘 국회의원이 한국 역사상 과연 몇 명이었나를 생각하면 씁쓸하다.

올곧던 사람도 국회에만 들어가면 이상해지는 경우를 너무나 자주 봐야했다. 각종 특혜로 가득한 국회법 내용을 가만히 들여다보고 있으면, 왜 그토록 이상한 사람만 늘어났던 것인지 자연스레 이해하게 된다.

이 작은 책으로 국회를 뒤흔들거나 당장 국회법 전문을 바꿔낼 수는 없겠지만, 적어도 함께 공감하는 사람들은 모아볼 수 있지 않을까. 나와 비슷한 사람들, 특혜나 무소불위의 권력 없이 살아가는 평범한 사람들이 이토록 이상한 국회와 더 이상한 국회법의 문제에 다같이 공감하고 기억하길 바란다.

작가의 말

제가 국회법을 왜곡한다고 생각하시는
의원님께서는 사직서를 흔들어 주세요.

권력남남

초판 1쇄	2024년 7월 17일
지은이	희석
편집·디자인	희석
펴낸곳	발코니
전자우편	heehee@balconybook.com
인스타그램	@balcony_book
	@wanderer_spunky
ISBN	979-11-92159-15-7

· 본 도서의 제목과 내지 일부에는 '정소현' 디자이너님의
'붕어' 폰트가 적용되었으며(인스타그램: @unknown_haus).

· 본 도서의 표지 사진은 국회에서 2020년 공공누리 제1유형으로
개방한 '국회 본회의장 전경'을 변형하였으며, 해당 저작물
원본은 국회 홈페이지 내 이미지 자료실에서 다운받을 수
있습니다.

· 독자님의 개인 리뷰 목적을 제외한, 도서 내용의 재사용
(인용, 발췌, 복제 등)을 희망하실 경우 반드시 출판사 발코니와
저자의 서면 동의를 받아야 합니다.

· 도서 정가는 책 뒷면에 표기되어 있습니다.